So ist dieses Heft aufgebaut:

Ich und die anderen

Sich räumlich zurechtfinden

Schreiben lernen

Rechnen lernen

So ist dieses Heft aufgebaut:

Jetzt und später

Mit anderen zusammen

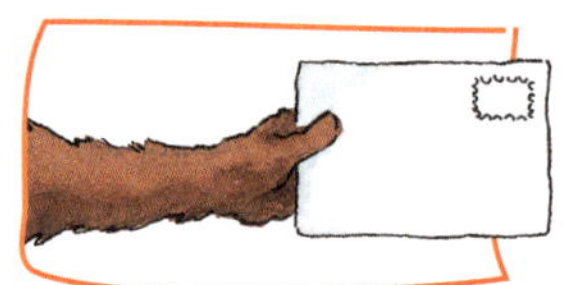

Lernen im Alltag

Symbole ermutigen die Kinder, möglichst selbstständig mit den Übungen umzugehen.

Schreibe auf. Fahre nach.

Verbinde.

Male an.

Kreise ein.

Kreuze an.

Benutze die Silbentrommel.

Benutze den Regelfächer.

Klappe die Seite mit den Anlauthäusern aus.

Schneide aus (im Anhang) und klebe auf.

Hinweis auf Lerntipps im Anhang

Male dich. Male auch die Schultüte an.

MEIN NAME:

Das kann ich schon

Verbinde und male.

Ich
kann

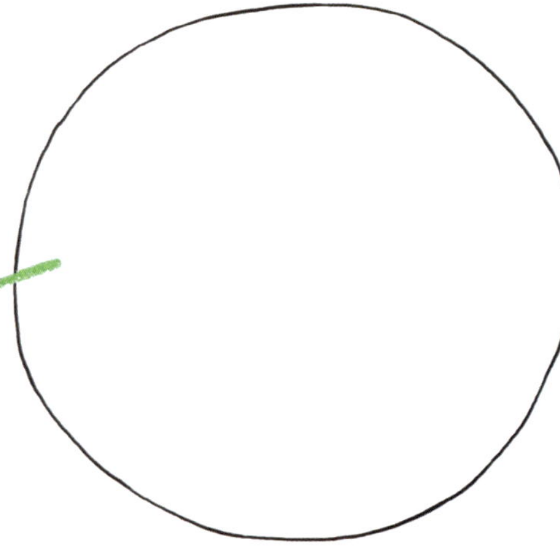

Worauf freust du dich am meisten in der Schule? Kreuze an.

Findest du die Bildausschnitte im Kreis wieder?
Ein Bildausschnitt ist falsch. Streiche ihn durch.

Was ich in der Schule brauche

Schau dir genau an, was du in der Schule brauchst.
Wo findest du die Sachen im Laden wieder? Kreise ein.

Die Schultasche einräumen

Wie soll deine Schultasche aussehen? Male sie an.
Was packst du ein? Verbinde.

Mein Hosentaschen-Telefonbuch

In ein Hosentaschen-Telefonbuch kannst du die Namen, die Telefonnummern und die E-Mail-Adressen deiner Familie und deiner Freunde schreiben.
So kannst du es herstellen:

Falte ein DIN-A4-Blatt in der Mitte: einmal längs, einmal quer.

Falte noch einmal bis zur Mitte.

Schneide bis zum Knick.

Knicke so, dass der Schnitt rautenförmig auffällt. Falte. Fertig.

Du kannst dein Hosentaschen-Telefonbuch benutzen, wenn

du dich mit deinen Freunden verabreden willst,

du aus den Ferien schreiben willst,

du von einem Freund eine Auskunft haben willst.

Wer geht mit mir in die Schule?

Male die Kinder, die mit dir in die Schule gehen werden, oder klebe ein Foto von ihnen ein. Schreibe Namen, Telefonnummer und E-Mail-Adresse dazu.

Name: ....

: ....

@ : ....

Name: ....

: ....

@ : ....

Name: ....

: ....

@ : ....

Auf dem Schulweg

Zeichne die Schulwege von Biber und Hund nach.
Woran gehen die beiden vorbei? Fülle die Tabelle aus.

Male die Verkehrszeichen richtig an.
Ein Verkehrszeichen ist nicht vollständig. Was fehlt? Male es dazu.

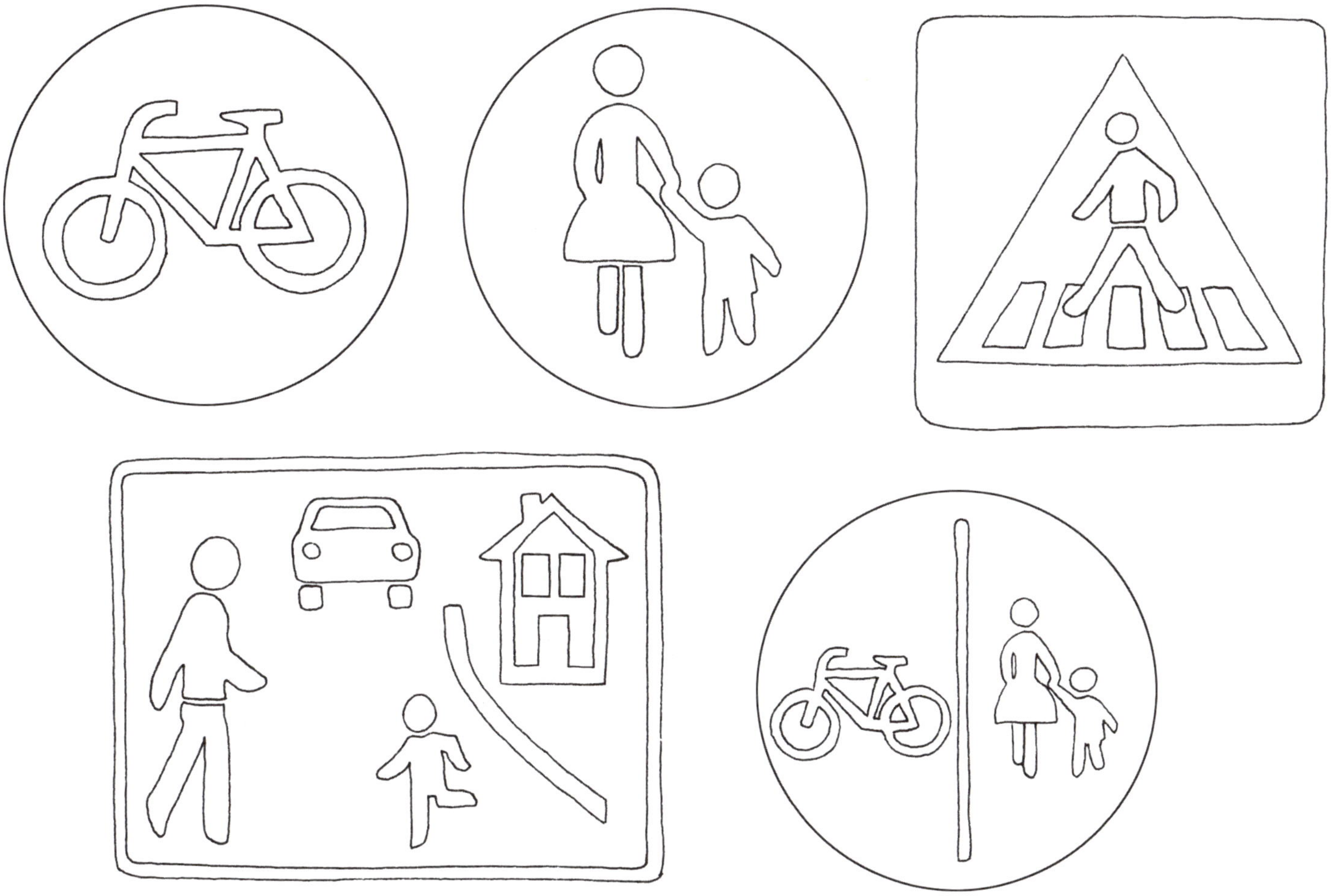

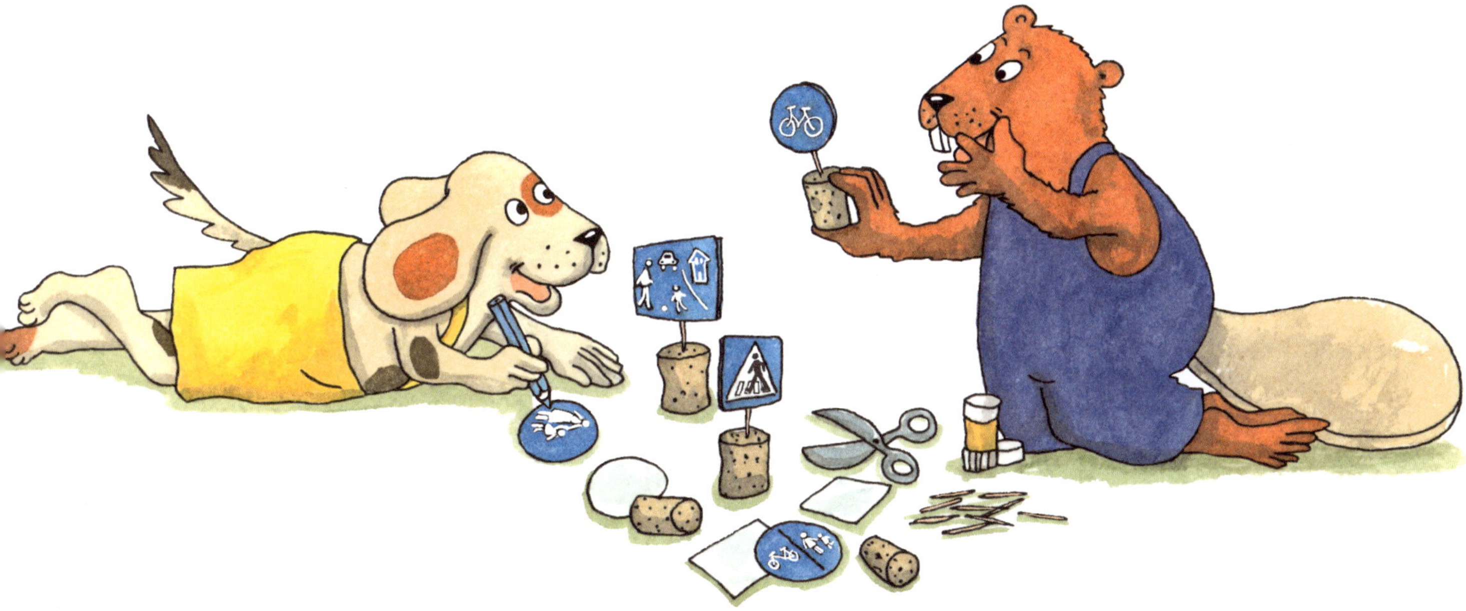

Rechts und links unterscheiden

Wer fährt oder bewegt sich nach rechts ⟶, wer nach links ⟵?
Trage die richtigen Pfeile ein.

Finde heraus, welche Ampeln richtige Fußgängerampeln sind. Kreuze sie an.

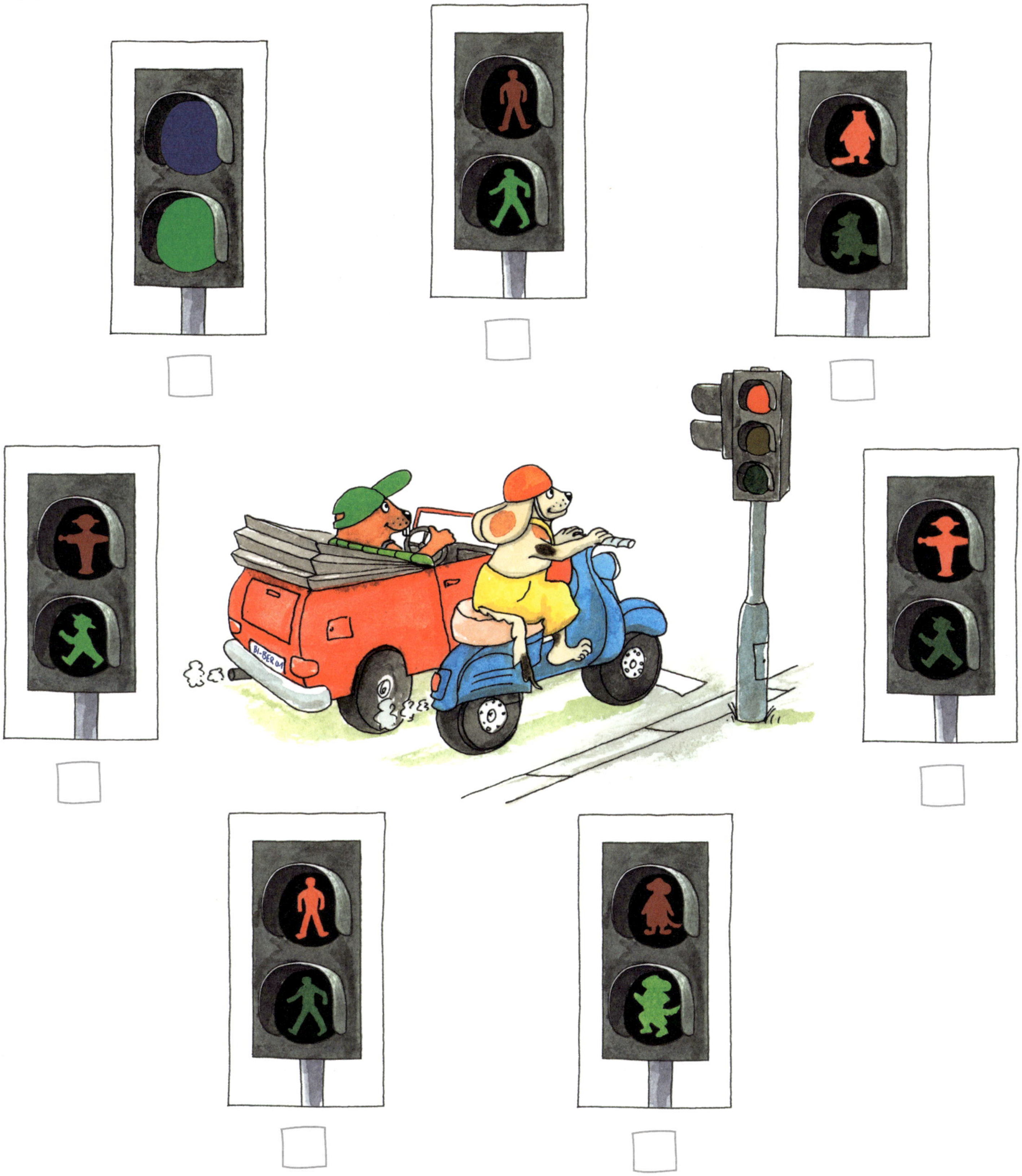

So sieht es in einer Schule aus

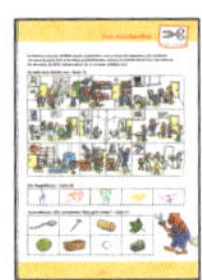

Schneide die Bildkärtchen aus und klebe sie an die richtige Stelle.
Dann weißt du, wie es in einer Schule aussieht.

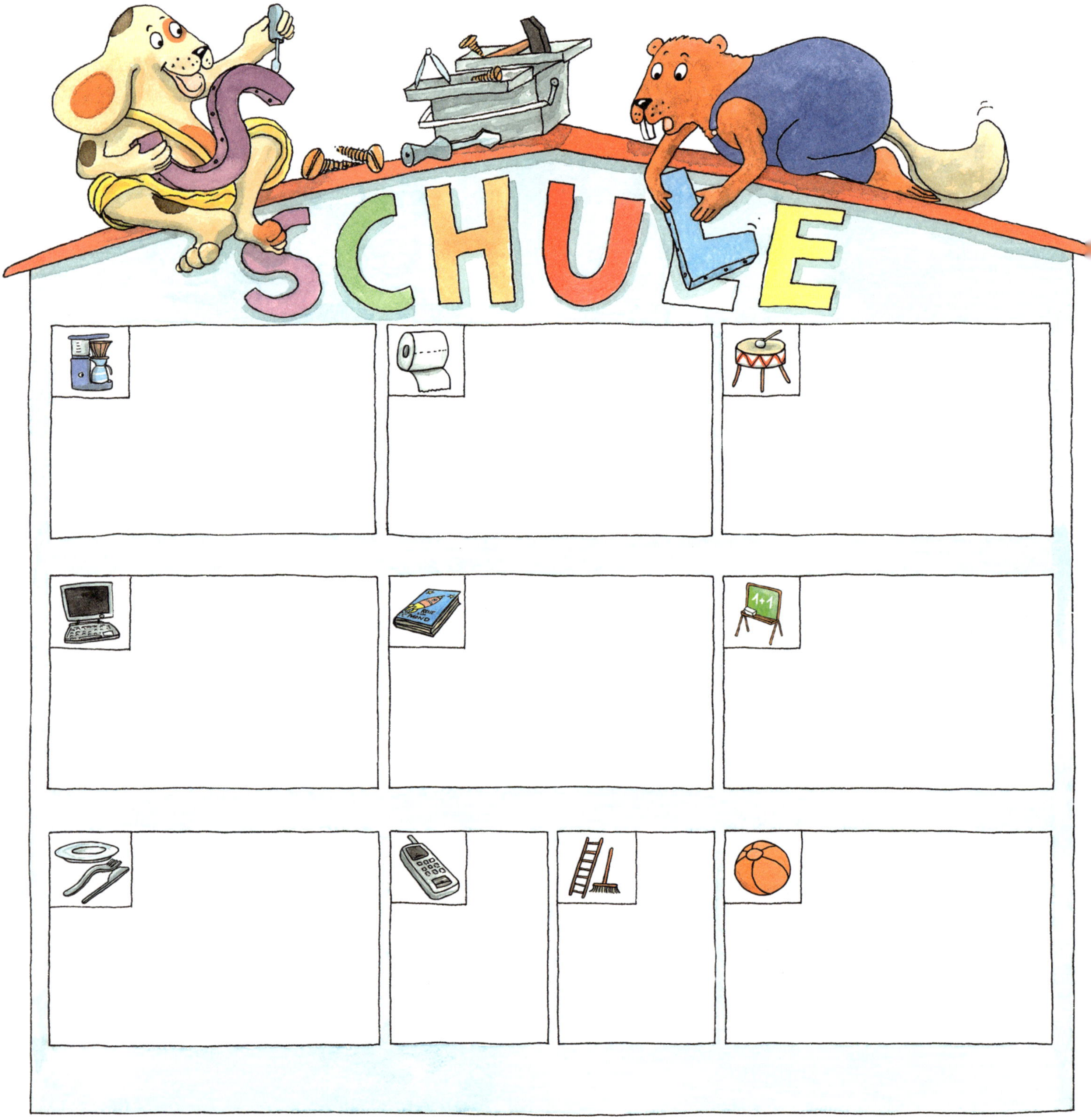

SCHULE

Auf dem Schulhof

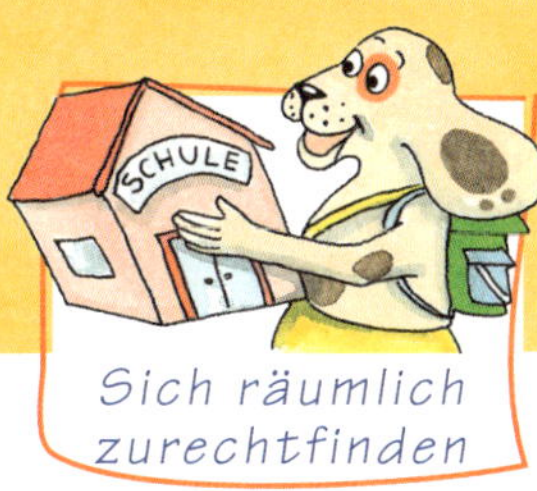

Schau genau, was die Kinder auf dem Schulhof tun.
Kreuze die passenden Bilder an.

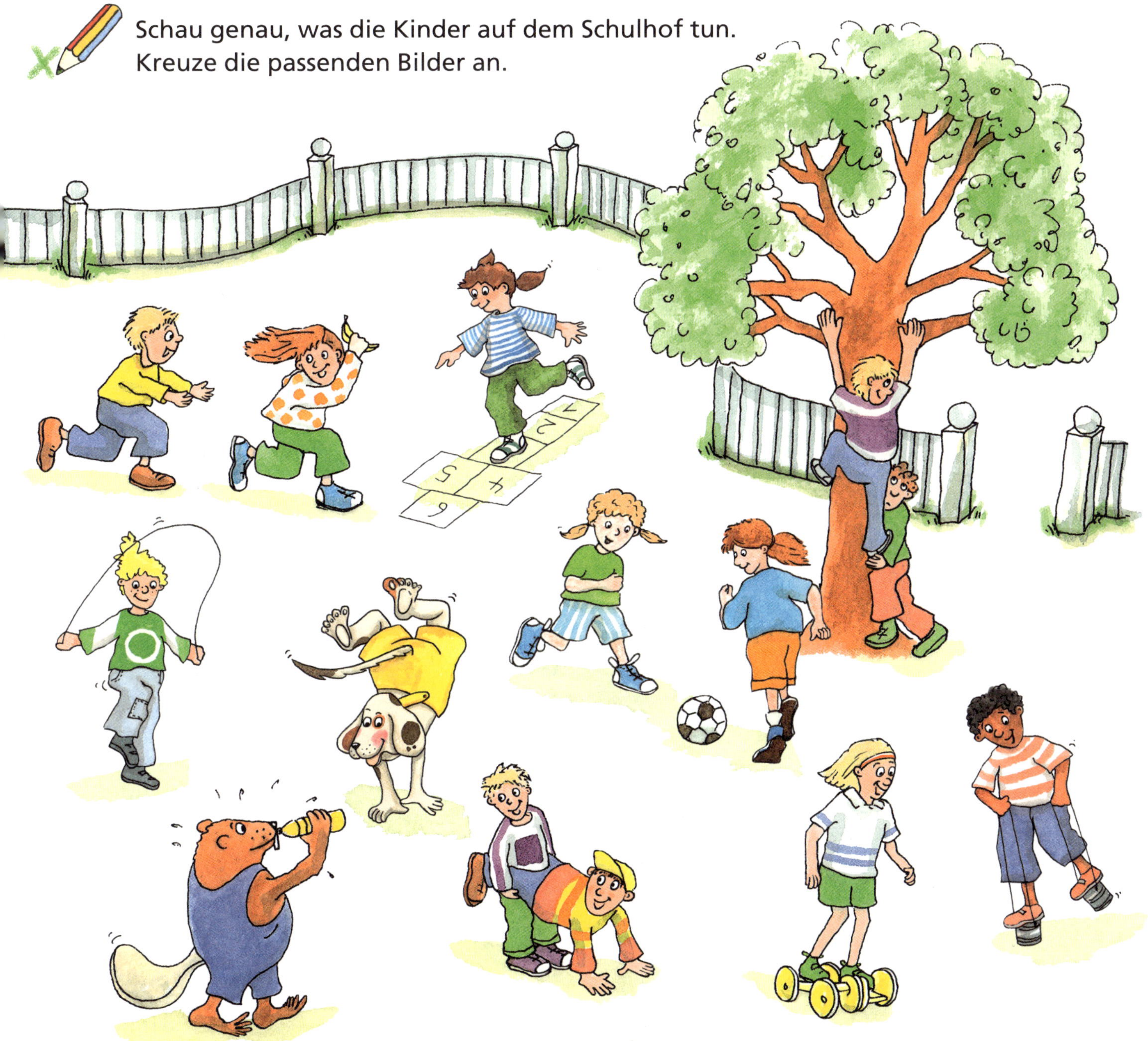

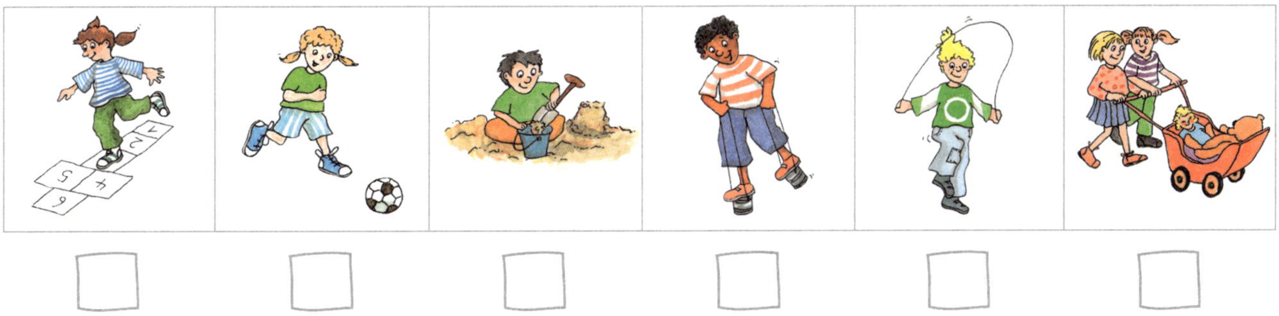

Sich räumlich zurechtfinden

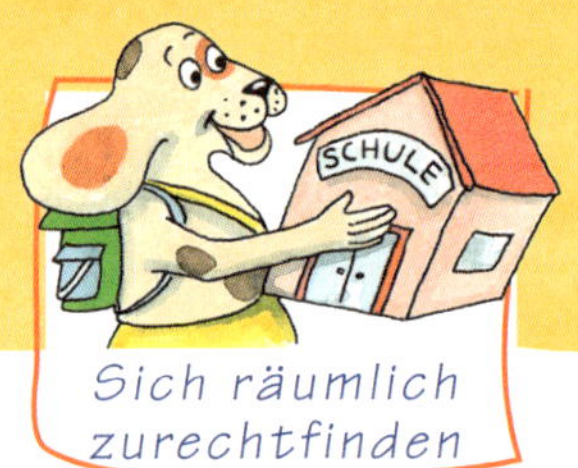

Im Klassenzimmer

Was gehört wohin? Male das Zeichen an die richtige Stelle.

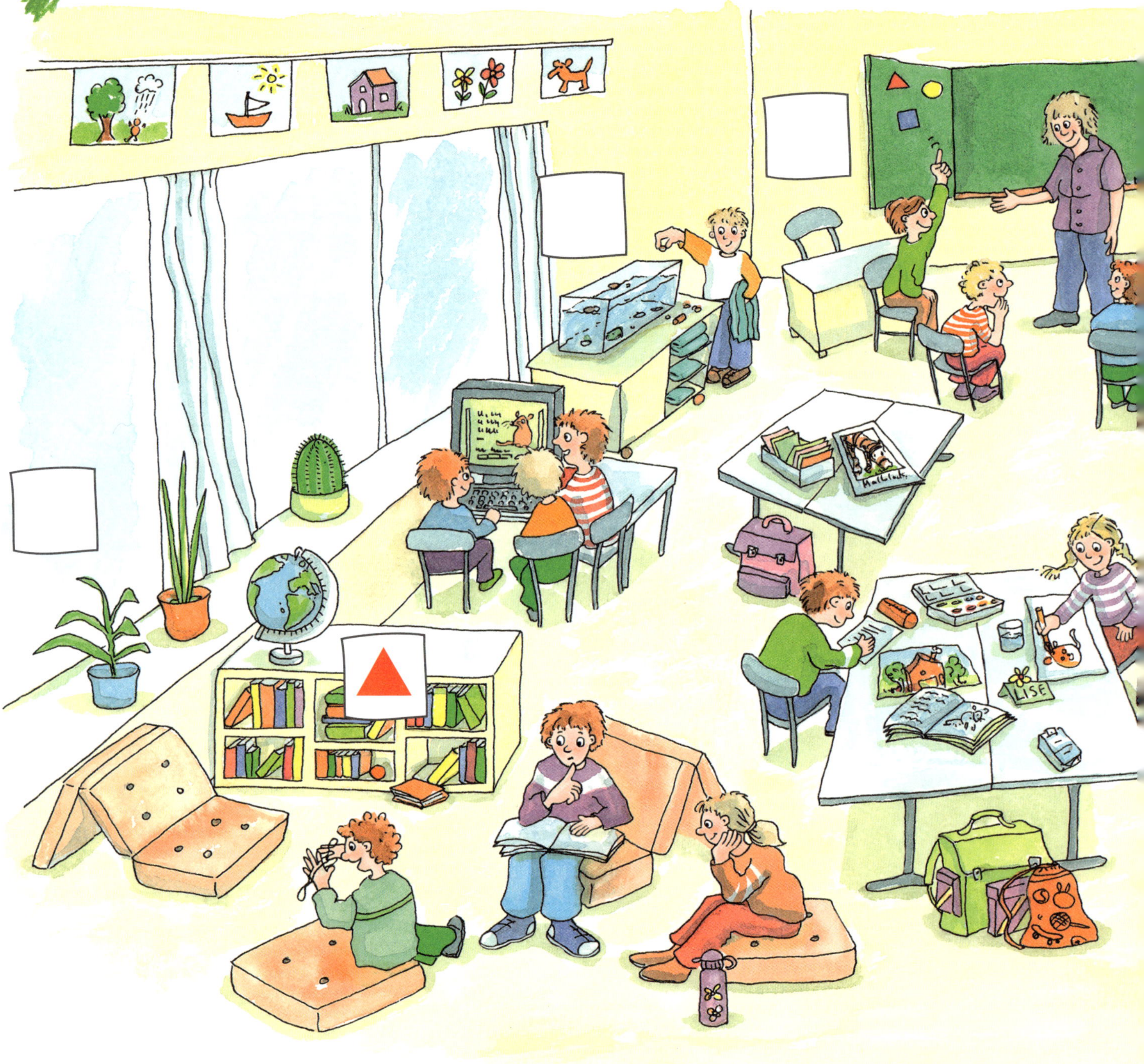

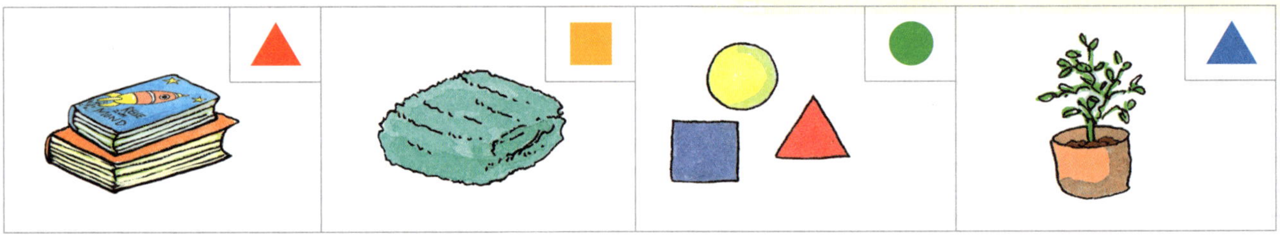

Im Klassenzimmer

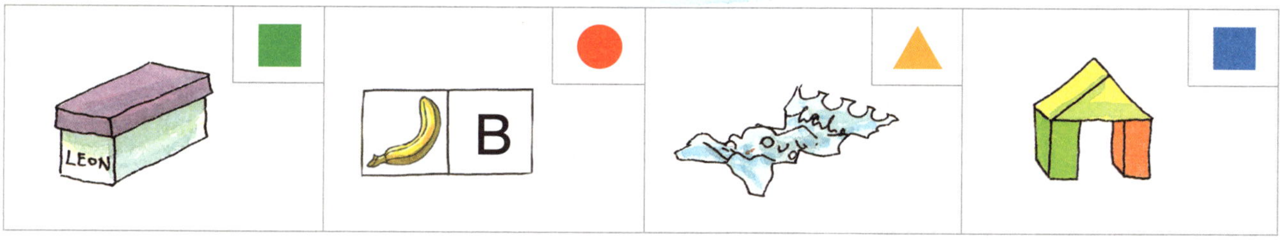

Schreibschwünge nachfahren

Malst du gerne Muster? Fahre nach.

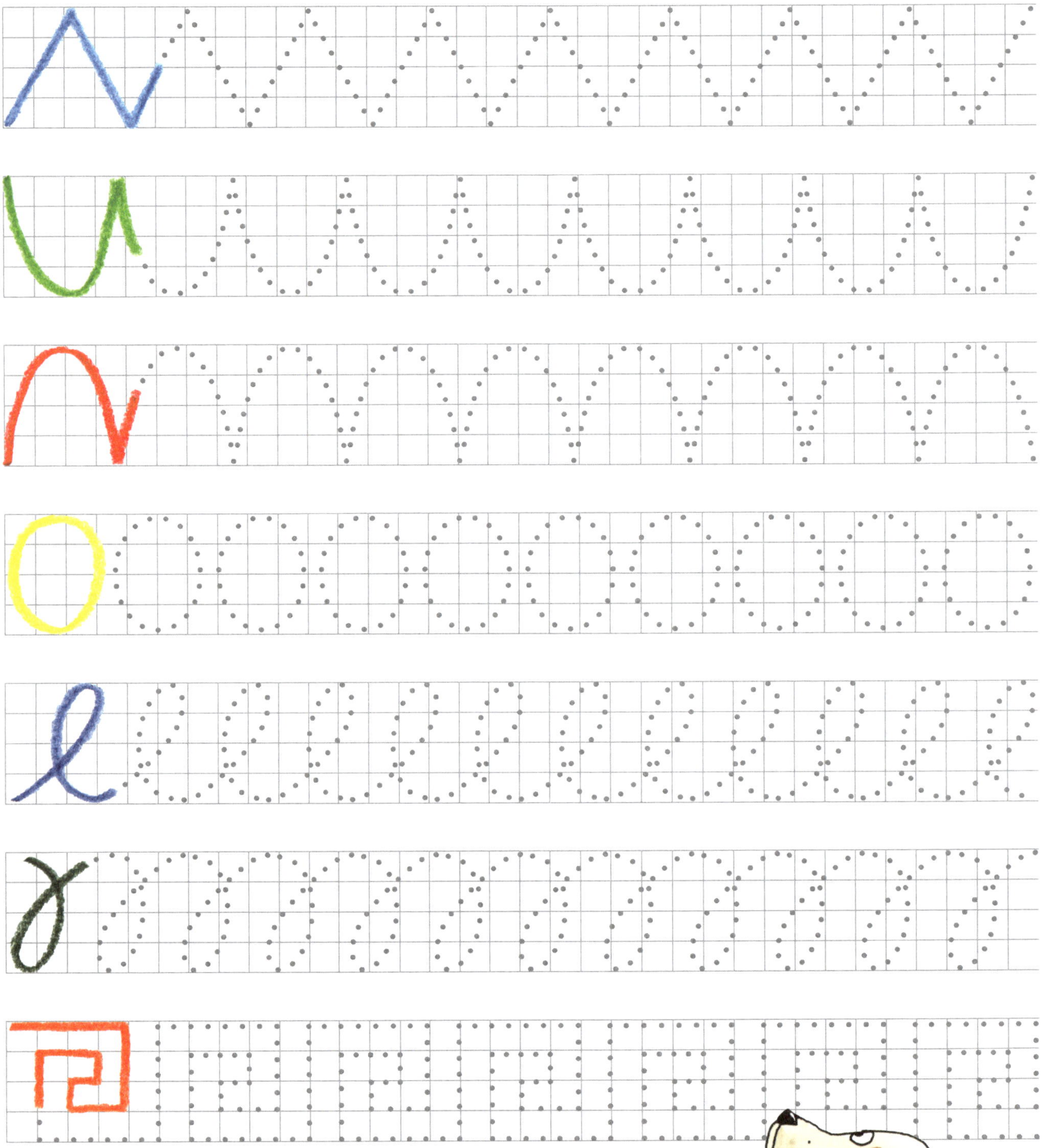

D

Schreibe die Buchstaben in Pfeilrichtung nach.

M  A  N

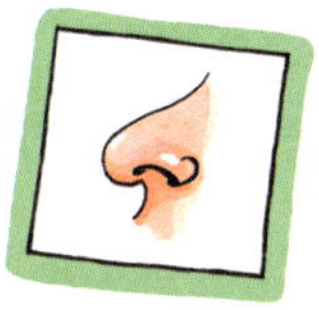

D  E  T

F  I  W

B  O  P

H  U

Laut für Laut

Was siehst du auf dem großen Bild? Benenne es. Welchen Laut hörst du zuerst, welchen danach? Verbinde nacheinander jede Karte mit der richtigen Stelle. Trage die Buchstaben ein.

O T  M

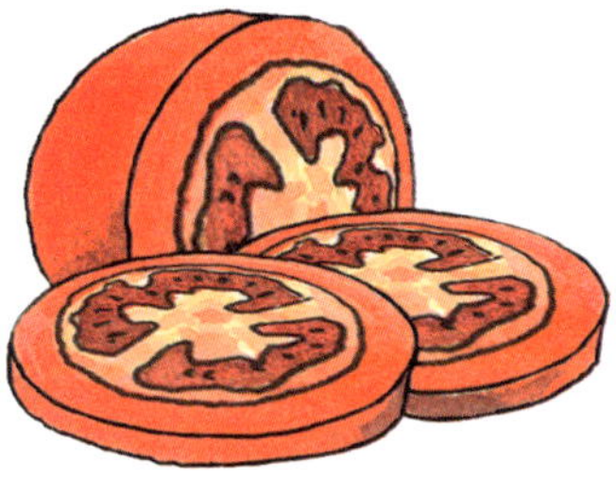

T

E A T

Mach es noch einmal.

D

O

S

D

E

Mit Anlautbildern schreiben

Wenn du die Anlaute der Dinge auf den Bildern sprichst, hörst du in jeder Reihe ein Wort. Trage unter jedem Bild den richtigen Buchstaben ein.

S	A	L	A	

Meine Silbentrommel

Mithilfe einer Silbentrommel kannst du Wörter gut gliedern.
Jede Sil - be: ein Schlag. So stellst du eine Silbentrommel her:

Joghurtbecher auswaschen.

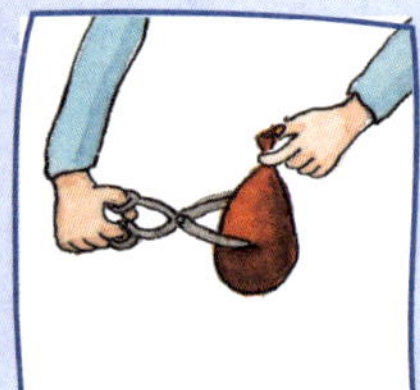

Das Ende eines Luftballons abschneiden.

Den Ballon über den Becher binden.

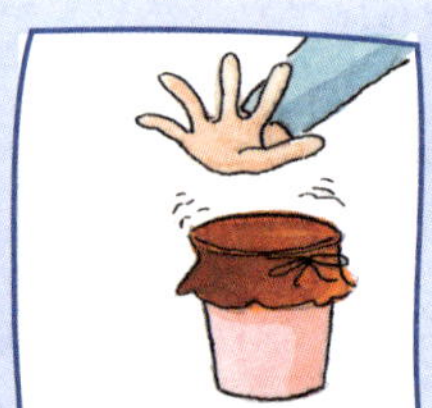

Fertig!

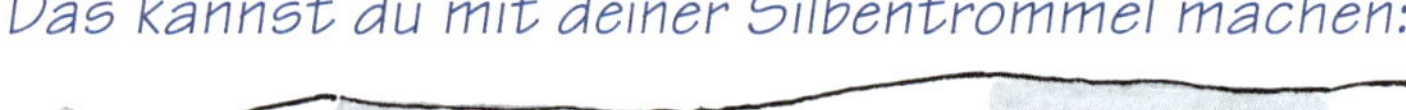
Das kannst du mit deiner Silbentrommel machen:

Namen trommeln:
deinen, die deiner Familie,
die deiner Freunde,

besonders lange Wörter trommeln, wie z. B.:

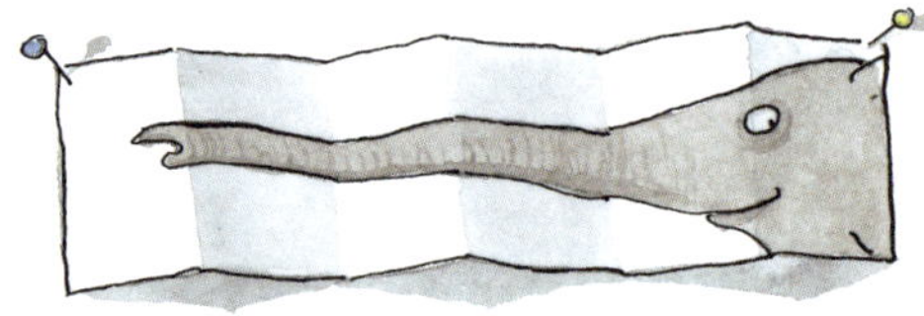

E - le - fan - ten - rüs - sel.

Wenn du willst, kannst du die Silben auch singen!

Wörter in Silben gliedern

Trommle die Namen der Gegenstände. Zähle die Silben und male dann die Silbenbögen ◡◡◡ unter das Bild.

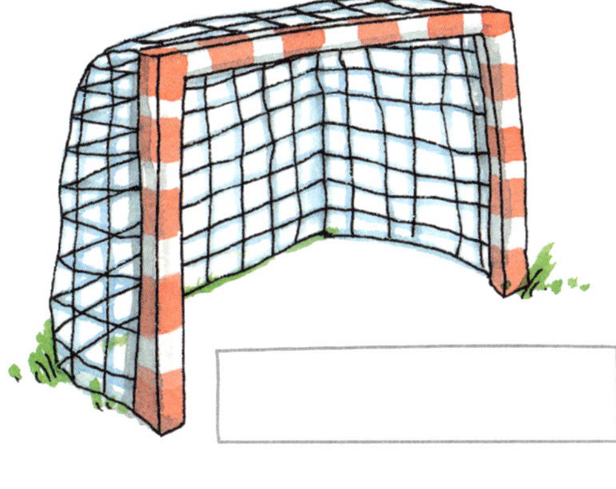

Die Zahlen von 1 bis 10 kennen

Fahre die Zahlen nach. Ergänze die Würfelpunkte und Striche.
Kreise deine Lieblingszahl ein.

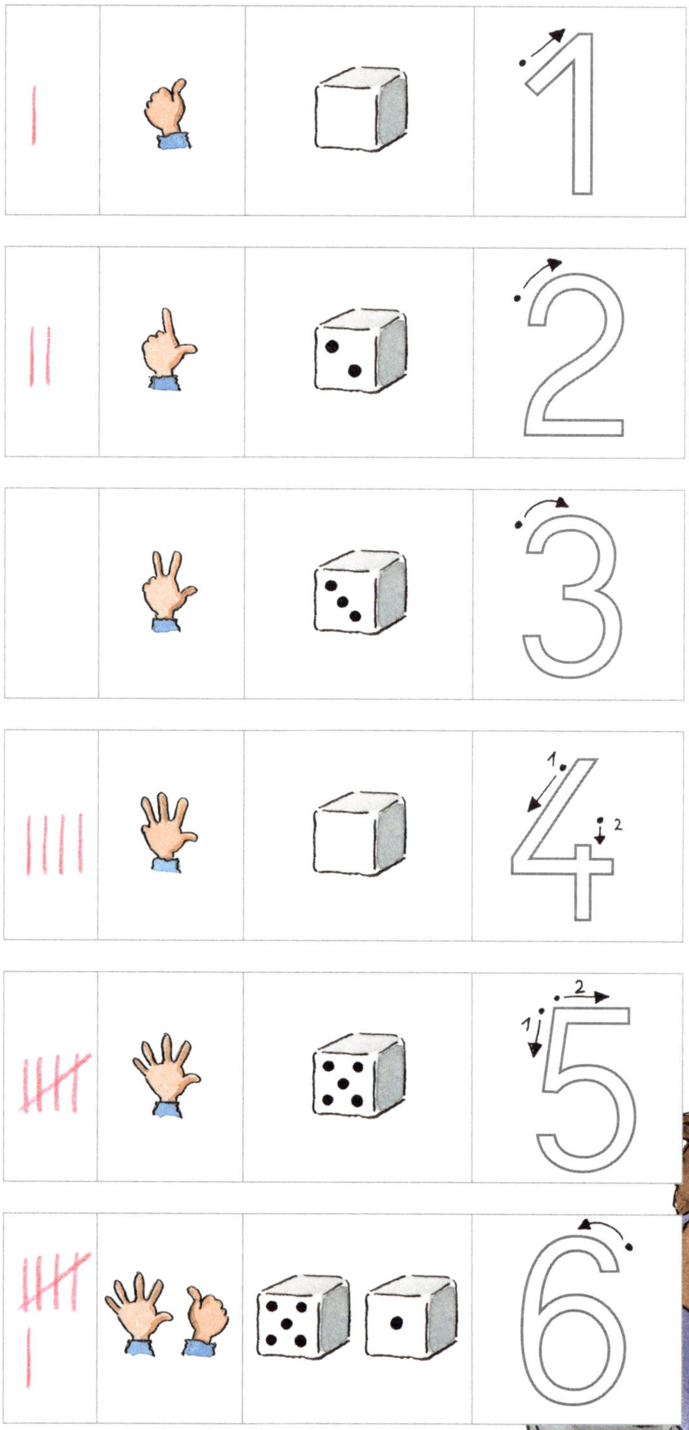

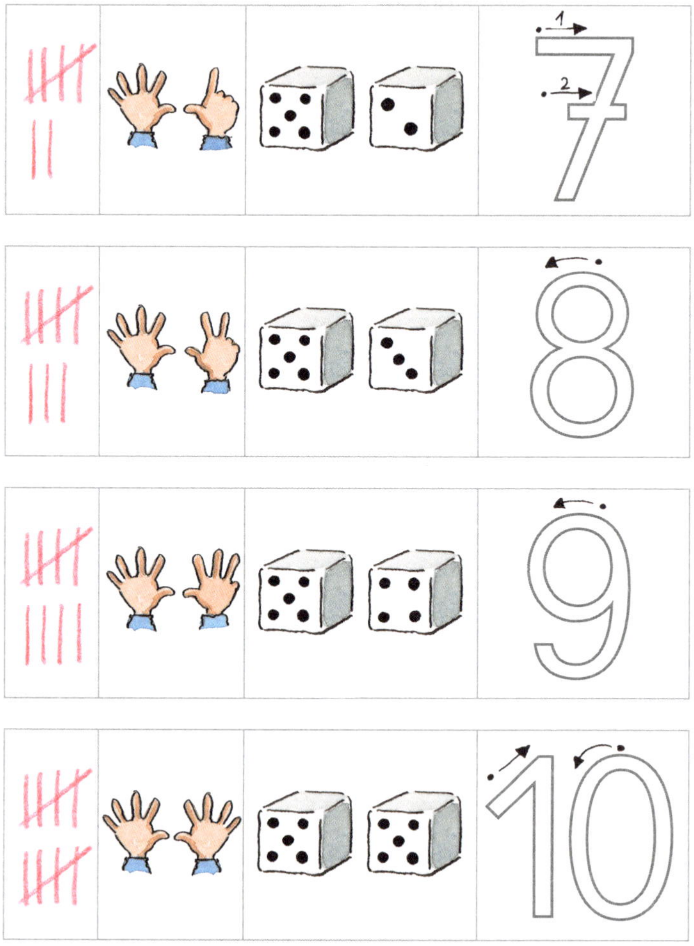

Striche	Finger	Würfel	Zahl
			1
			2
			3
			4
			5
			6
			7
			8
			9
			10

0

Vergleiche die Mengen und kreuze die größte an.

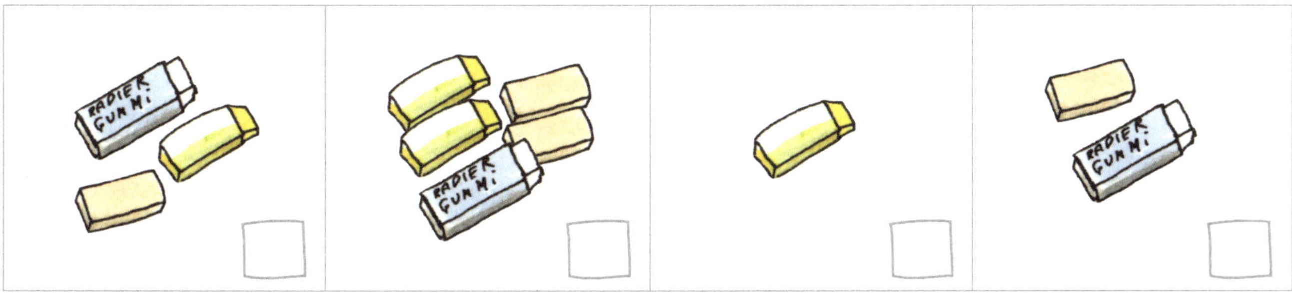

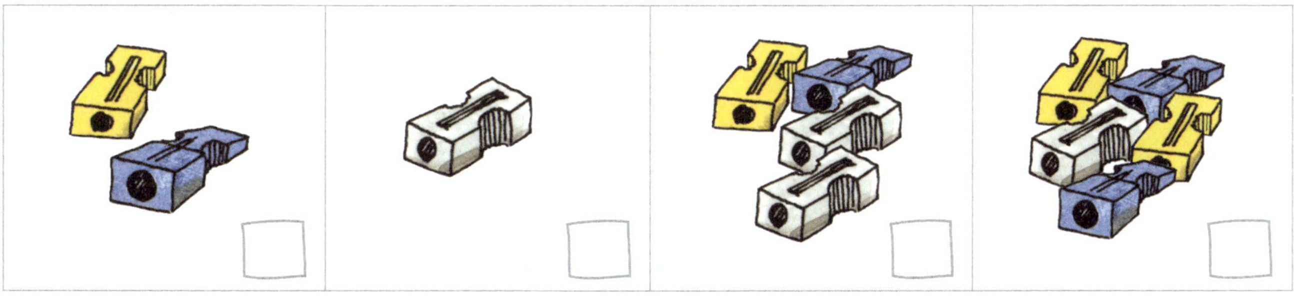

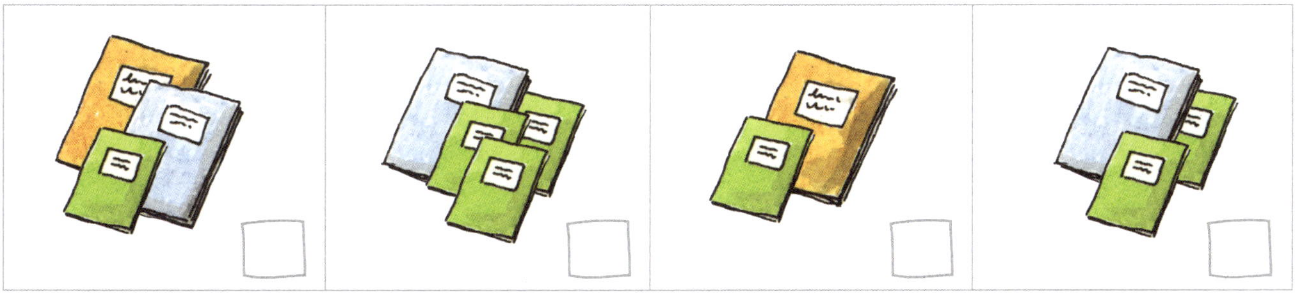

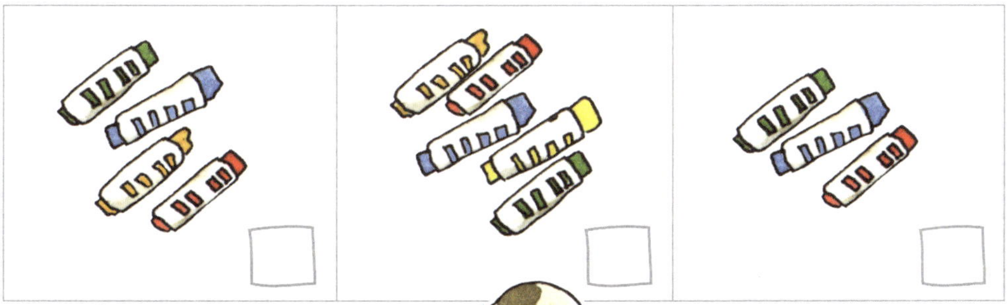

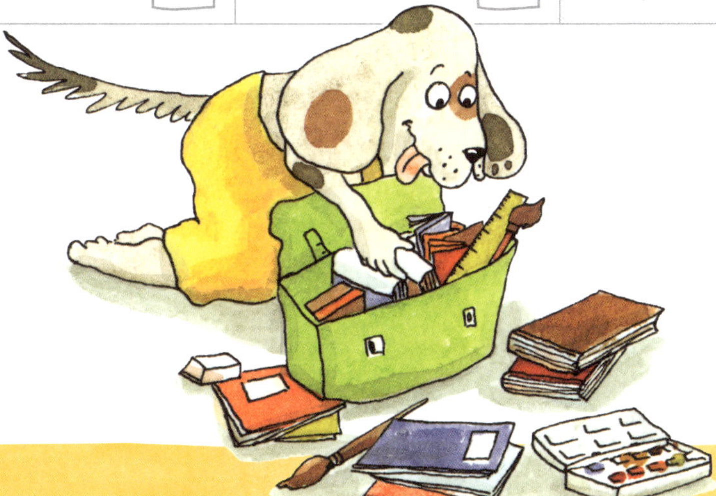

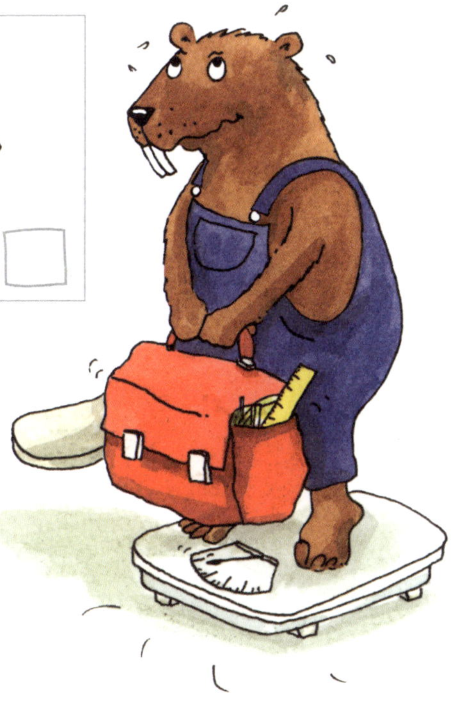

Rechengeschichten mit plus

Erzähle die Geschichte und rechne aus.

☐ + ☐ = ☐

☐ + ☐ = ☐

☐ + ☐ = ☐

Rechengeschichten mit minus

Erzähle die Geschichte und rechne aus.

☐ – ☐ = ☐

☐ – ☐ = ☐

☐ – ☐ = ☐

Mit Dreiecken spielen

Mit Formen kannst du Muster oder Figuren legen.
So stellst du Dreiecke her:

Schneide ein Quadrat aus Tonpapier aus (12 cm x 12 cm).

Falte das Quadrat erst einmal und dann noch einmal in der Mitte.

Falte das Quadrat erst einmal und dann noch einmal zum Kopftuch.

Schneide die acht Dreiecke an den Faltlinien aus.

Das kannst du mit deinen Dreiecken machen:

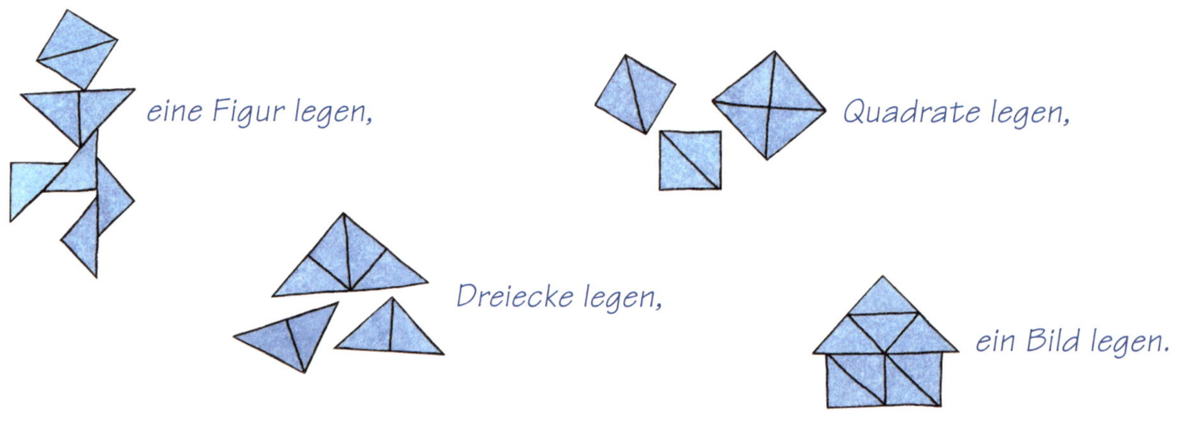

eine Figur legen,

Quadrate legen,

Dreiecke legen,

ein Bild legen.

Für welche der Figuren benötigst du alle acht Dreiecke?
Probiere aus und kreuze an.

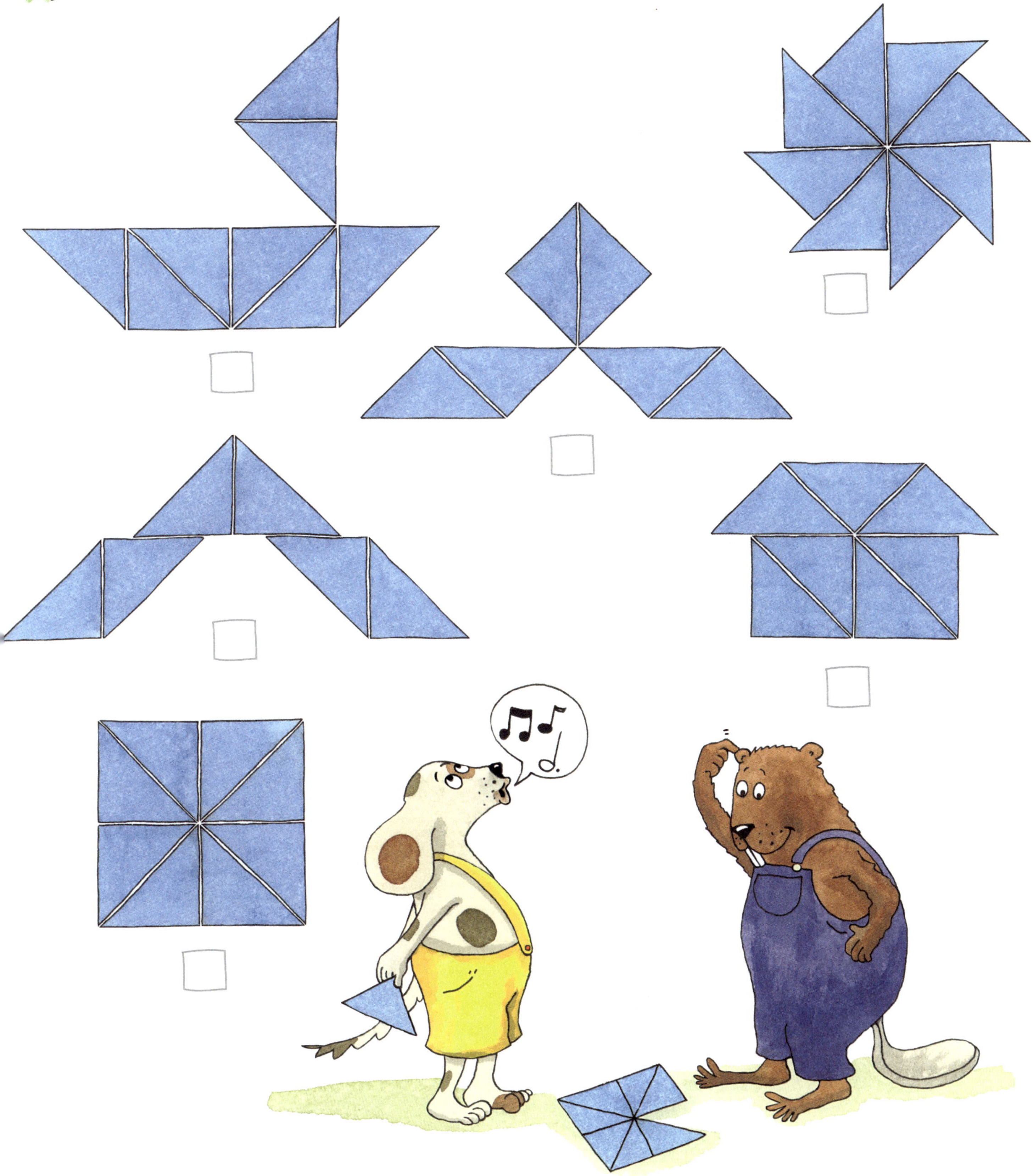

☐ ☐ ☐

☐ ☐

☐

Geld anmalen

Lass dir die abgebildeten Münzen und Scheine zeigen.
Male sie in den richtigen Farben an.

Unterschiedliche Geldbeträge erkennen

Hat Biber mehr ☺ oder weniger ☹ Geld als sein Freund?
Welches Gesicht passt? Zeichne den Mund ein.

Die Uhr kennenlernen

Zeichne den kleinen Zeiger, den Stundenzeiger, ein.

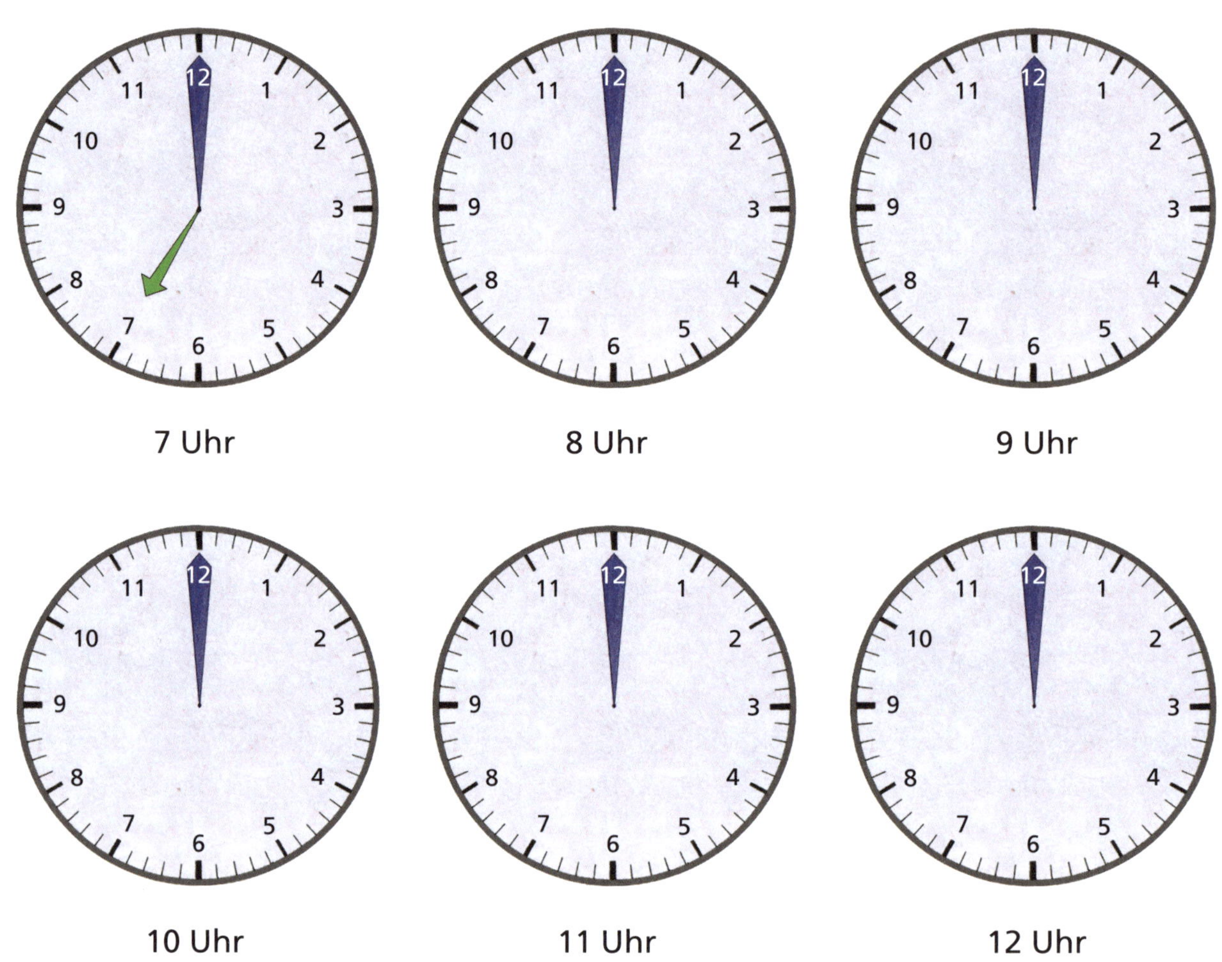

7 Uhr | 8 Uhr | 9 Uhr

10 Uhr | 11 Uhr | 12 Uhr

Zeichne ein, wann du ins Bett gehst und wann du aufstehst.

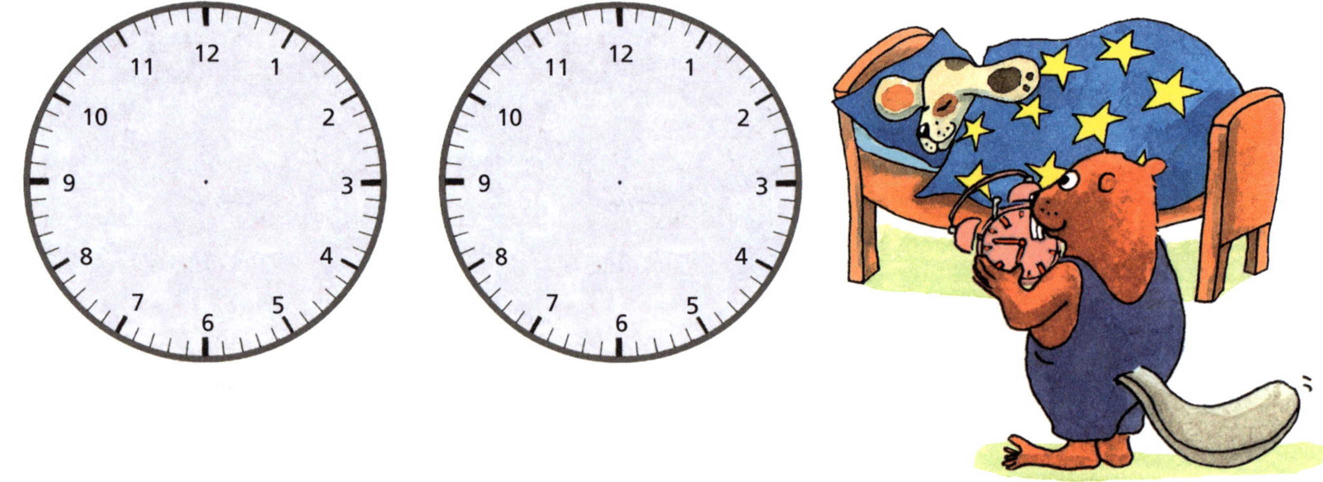

Erzähle, was Hund und Biber am Montag, Dienstag, Mittwoch, Freitag, Samstag und Sonntag machen. Was tust du immer am Donnerstag? Male.

MONTAG

DIENSTAG

MITTWOCH

DONNERSTAG

SONNTAG

SAMSTAG

FREITAG

MONTAG

Jetzt und später

So können Schultage aussehen

Verbinde gleiche Bilder. Was fällt dir auf?

Paulas Schultag

Das will ich einmal werden

Was gehört zusammen? Verbinde.
Male, was du einmal werden willst.

Pause machen

In der Schule gibt es Pausen. Was würdest du gerne machen?
Male die Ränder farbig an.

Ein Pausenfrühstück auswählen

Was würdest du gerne als Pausenfrühstück mit in die Schule nehmen?
Kreuze in jeder Reihe etwas an.

Der Regelfächer

Im Kindergarten und auch in der Schule gibt es Regeln, an die du dich halten musst.

Ich melde mich.

Ich höre anderen zu.

Ich kann leise sein.

Ich räume auf.

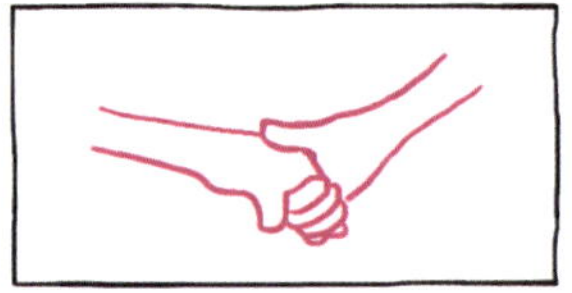

Ich arbeite mit anderen zusammen.

Mit einem Regelfächer kannst du dir Regeln besonders gut merken und sie auch vor dich hinlegen. So stellst du einen Regelfächer her:

Schneide 5 Streifen aus Tonpapier (2 cm x 10 cm) aus.

Klebe die Symbole auf die Streifen.

Lege die Streifen übereinander und loche sie.

Hefte sie mit einer Klammer zusammen. Fertig.

J

Welche Regel gehört zu welchem Bild?
Male die Rahmen in der passenden Farbe an.

Vermuten: Was schwimmt? Was geht unter?

Was vermutest du? Trage ein.

	schwimmt	geht unter
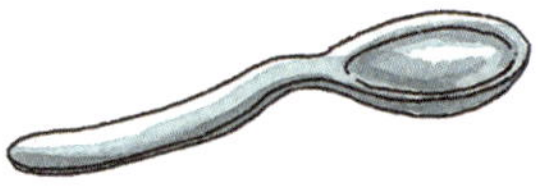		

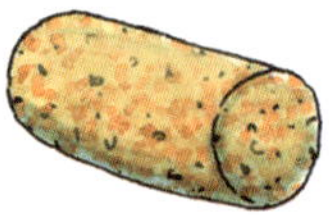		
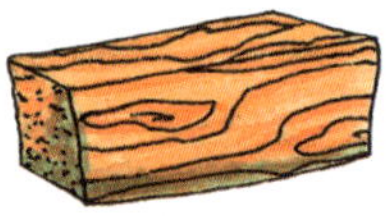		

Ausprobieren: Was schwimmt? Was geht unter?

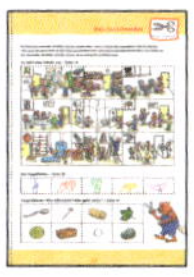

Fülle eine Schüssel mit Wasser. Suche mit Freunden die Gegenstände. Führt eigene Versuche durch. Klebe danach die Bilder in die Schüssel.

Das kannst du jetzt schon: das Schulstartspiel

Würfle und rücke mit deiner Spielfigur so viele Felder vor, wie der Würfel Augen zeigt. Wenn du auf ein Bild kommst, schau es dir genau an.
Ist das, was du siehst, richtig oder falsch?
Richtig: Rücke 3 Felder vor. Falsch: Gehe 2 Felder zurück.

START

SPIELPLATZ SCHULE

SPIELPLATZ SCHULE

Das kannst du jetzt schon: das Schulstartspiel

WILLKOMMEN!

SCHULE

ZIEL

Zur Einschulung einladen

Wen lädst du zu deiner Einschulungsfeier ein?

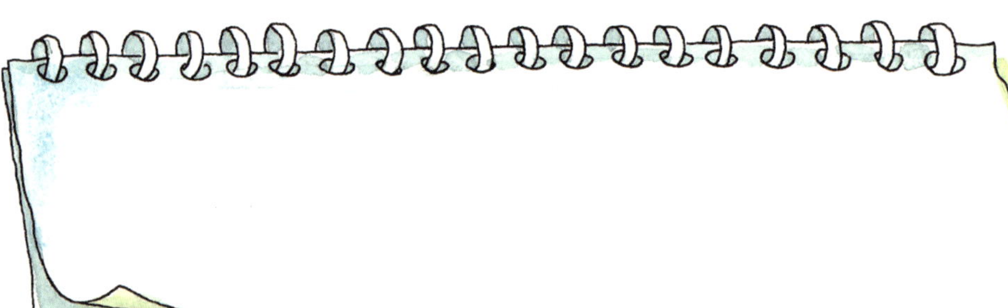

Gestalte eine Einladung. Kannst du schon etwas dazu schreiben?
Male die Schultüte an.

EINLADUNG

LIEBE

Praktische Anregungen

Besonders im Jahr vor dem Schuleintritt beschäftigt sich ein Kind ausgiebig mit der Schule. Sie können es dabei begleiten, indem Sie das Thema Schule in seinen verschiedenen Aspekten in Ihren Familienalltag aufnehmen. Mit diesen einfachen und abwechslungsreichen Übungen bereiten Sie Ihr Kind auf den Übergang in die Schule vor.

A Eigenes Können erfahren

Um den Leistungsanforderungen der Schule selbstbewusst zu begegnen, sollte Ihr Kind sagen können, was es schon kann und was es noch lernen und üben möchte. Sie helfen Ihrem Kind dabei, indem Sie

- mit ihm ein Büchlein oder Plakat zum Thema „Das kann ich schon" herstellen,
- ihm deutlich machen, was es alles kann,
- es ermutigen, wenn es etwas noch nicht kann,
- mit ihm erste Schulsachen einkaufen.

B Den Schulweg bewältigen

Bevor Ihr Kind in die Schule kommt, sollte es sich im Straßenverkehr sicher und gefahrlos bewegen können. Sie können Ihrem Kind das richtige Verhalten bewusst machen, indem Sie

- zusammen den Schulweg mehrere Male abgehen und auf die Gefahrenstellen und Ablenkungen hinweisen,
- die Ampeln auf dem Schulweg genau anschauen und ihre Funktion erklären (eine Ampel basteln),
- es die Verkehrszeichen auf dem Schulweg abmalen und basteln lassen.

C Sich die Schule ausmalen

Schulgebäude und Schulhof sind fremde Räume für Ihr Kind. Es muss lernen, sich dort zurechtzufinden. Sie können Ihr Kind darauf vorbereiten, indem Sie

- mit ihm die Schule von außen anschauen und sie fotografieren, malen oder nachbauen lassen,
- mit ihm die Schülerinnen und Schüler auf dem Schulhof beobachten,
- es eine Schule oder ein Klassenzimmer nach seinen Wünschen malen lassen,
- die Berufe, die in einer Schule gibt, besprechen und es dazu malen lassen.

D Das Schreiben vorbereiten

Sie können Ihr Kind auf das Schreiben vorbereiten, indem Sie es

- kneten, Papier falten oder reißen und Bilder genau ausmalen lassen,
- Schwünge aller Art ausüben lassen (im Wasser, auf dem Boden, im Sand ...),
- Rhythmen klatschen oder trommeln lassen (auf einem Topf, Tisch ...),
- Silben von Namen, z. B. seines Spielzeugs, klatschen, stampfen oder schnipsen lassen.

E Laute unterscheiden

Wörter sind Lautfolgen. Um Lautfolgen zu verschriften, muss Ihr Kind Laute hören und benennen („b" statt „be") können. Dabei helfen die Anlauthäuser. Jedes Bild wird immer gleich benannt und steht für einen Laut („**B**anane" für „b"). Beim Lautieren können Sie Ihr Kind unterstützen, indem Sie es

- seine Sprechmotorik üben lassen, z. B. Zunge rausstrecken, gähnen ...,
- Wörter langsam und deutlich nachsprechen lassen,
- Gegenstände, Tiere und Pflanzen benennen und nach gleichen Anlauten sortieren lassen.

F Die Zahlen von 1 bis 10

Jede Zahl steht für eine Menge. Die Anzahl von Mengen lässt sich unterschiedlich aufschreiben. Zu jeder Zahl gehört ein schriftliches Symbol. Mit den Zahlen können erste Rechengeschichten entstehen. Ihr Kind lernt, das zu verstehen, indem Sie

- es unterschiedliche Anzahlen mit allen Sinnen (sehen, hören, tasten) erfassen lassen,
- ihm Dinge zeigen, sie ertasten und ihre Anzahl klopfen, klatschen und notieren lassen,
- sich gegenseitig Rechengeschichten erzählen.

Praktische Anregungen

G Geometrische Formen erkennen

Um ein geometrisches Vorstellungsvermögen zu entwickeln, muss Ihr Kind auch die geometrischen Grundformen (Dreieck, Kreis, Quadrat, Rechteck) kennen. Sie unterstützen Ihr Kind dabei, Formen unterscheiden zu lernen, indem Sie es

- unterschiedliche Gegenstände, z. B. Spielzeug, nach Form, Farbe oder Größe sortieren und beschreiben lassen (groß, klein, rund, eckig),
- die vier Grundformen in der unmittelbaren Umgebung entdecken und benennen lassen,
- Legespiele herstellen und spielen lassen.

H Zeit und Uhrzeit benennen

Zeit und Uhrzeit spielen im Leben eines Schulkindes eine große Rolle. Sie bereiten Ihr Kind auf den Umgang damit vor, indem Sie

- mit ihm einen Geburtstagskalender herstellen und einen Tages- oder Wochenplan ausfüllen,
- es auf verschiedene Uhren in der Umgebung, in Katalogen, in Geschäften aufmerksam machen und Unterschiede erklären,
- mit Ihrem Kind eine Modelluhr basteln und es Übungen zum großen und kleinen Zeiger machen lassen,
- es Zeitspannen schätzen lassen, z. B. eine Minute auf einem Bein stehen, zwei Minuten die Augen zumachen.

I Pause machen

Zur Pause in der Schule gehört neben Bewegung und Entspannung ein gesundes Frühstück. Sie können das Ihrem Kind bewusst machen, indem Sie es

- über gesunde Ernährung aufklären (Fettnachweis in Salami, Zuckernachweis in Limonade …),
- Artikel aus Postwurfsendungen von Supermärkten ausschneiden und bewerten lassen,
- beim Einkaufen Produkte selbst auswählen lassen,
- kleine Rollenspiele machen: „In meine Frühstücksdose gehört/gehört nicht".

J Regeln einhalten

Ungestörtes Lernen findet dort statt, wo vereinbarte Regeln eingehalten werden. Aus dem Alltag lassen sich viele Regeln auf das Schulleben übertragen. Sie unterstützen Ihr Kind dabei, indem Sie darauf achten, dass es

- anderen zuhört und andere ausreden lässt (am Esstisch, bei Familienfeiern, wenn Sie telefonieren …),
- Ihnen beim Aufräumen hilft und seine Sachen in Ordnung hält,
- sich an gemeinsam erstellte Familienregeln hält.

K Ausprobieren und Experimentieren

Im naturwissenschaftlichen Unterricht der Grundschule geht es in erster Linie um das Interesse der Kinder am Ausprobieren, Forschen und Entdecken. Sie fördern Ihr Kind darin, indem Sie

- interessante Naturphänomene (Tau auf der Wiese, Nebel …) thematisieren,
- die Fragen Ihres Kindes ernst nehmen,
- im Haushalt auf physikalische und chemische Phänomene aufmerksam machen, z. B. Wie kommt das Wasser aus dem Hahn? Wie funktioniert die Heizung? Was kann man mischen (Öl und Essig, Zucker und Wasser)?,
- gemeinsam kleine Experimente durchführen.

L Den ersten Schultag vorbereiten

Der Einschulungstag ist ein wichtiger Tag, an dem Freunde und Verwandte teilnehmen. Sie können diesen wichtigen Schritt Ihres Kindes in die Selbstständigkeit unterstützen, indem Sie

- die Gestaltung dieses Tages mit Ihrem Kind gemeinsam planen,
- zusammen eine Gästeliste aufstellen,
- Ihr Kind die Einladung zur Einschulungsfeier gestalten lassen,
- mit Ihrem Kind besprechen, was es an diesem Tag anziehen will.

Zum Ausschneiden

Ihr Kind kann entweder die Bilder einzeln ausschneiden, wenn es die jeweils angegebene Seite bearbeitet, oder zuvor die ganze Seite an der linken gestrichelten Linie. Letzteres ist einfacher für Ihr Kind, aber helfen Sie ihm dann bitte, die Bilder aufzubewahren, die es erst später einkleben muss.

So sieht es in einer Schule aus – Seite 14

Der Regelfächer – Seite 38

Ausprobieren: Was schwimmt? Was geht unter? – Seite 41

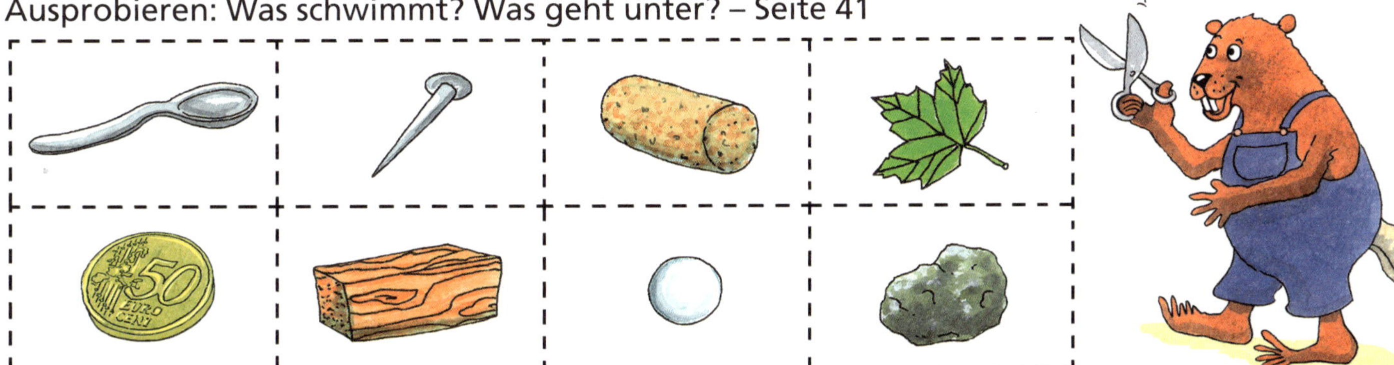